KB274549

다종교∨한국 사회∨진단서

아름다운 사람들

"이 책을 모든 분들께 드립니다"

다종교∨한국 사회∨진단서

아름다운 사람들

지은이/ 박철호

개정증보판
발행일/ 2008년 6월 10일
등록번호/ 제 356-20008-4호
펴낸이/박철호
펴낸곳/ 도서출판 아름다운사람들
　　　　인천시 서구 불노동 435-2
편집, 제작 / 세줄기획
구입/ 02)887-7663

값　5, 000원
ISBN　978-89-961222-1-0　03230

아름다운 사람들

추 천 사

프로테스탄트(개신교)는 영국에서 장로교회로, 유럽대륙에서는 개혁파 교회라고 불립니다. 그 의미는 16세기까지 로마 가톨릭교회 내에 있었던 이교적이고 우상예배적인 요소들을 배제하고 성서적인 예배로 개혁했기 때문입니다. 프로테스탄트는 개혁이라는 말입니다. 개혁은 자신을 충분히 알게 될 때 개혁하는 것으로 세상은 잘못된 부분들을 날마다 개혁하면서 변해가는 것입니다. 그러므로 잘못된 일상의 모든 부분들은 개혁되어야 합니다. 그렇게 하기 위해서는 자신이 가지고 있는 잘못된 것들을 알아야 합니다. 단점을 말하는 것은 잘못된 것이 아닙니다. 단점을 통해서 많은 장점을 자져 올수 있기 때문입니다.

그동안 한국인을 알 수 있는 많은 책을 보아 왔습니다. 그런데 이번에는 매우 의미 있는 책을 보게 되었습니다.

그 책의 제목도 "아름다운 사람들"로 매우 인상적이고 책의 구성도 좋으며 한국 사람들을 많이 이해할 수 있는 내용들이 들어 있었습니다. 저와 같은 재한(在韓) 외국인들은 한국인들이 가지고 있는 내면세계나 심정을 너무도 모르고 살아갑니다. 그런데 이 책을 통해서 한국인의 심성과 많은 것들을 알게 되었습니다. 그리고 이 책을 통해서 한국인의 내면세계를 이해하는데 많은 도움을 받게 되었습니다.

특별히 이 책을 쓴 저자(박철호 목사님)는 저와 매우 잘 아는 사이로 한국 개신교회의 훌륭한 목회자이면서도 한국인의 죽음관, 귀신관, 무속신앙, 동양철학, 생사(生死)관, 상조분야, 장례분야의 독보(獨步)적인 식견(識見)을 가진 분으로 그동안 많은 세미나와 행사를 진행해 왔습니다. 또한 일본의 자연장(自然葬) 단체와의 교류를 통해서 한국에서 자연장을 도입하는 문제에 대하여 많은 고민을 하였습니다. 이번에 제정된 '장사 등에 관한 법'에서도 자연장의 기초를 마련하기 위해서 3번이나 의견서를 내는 등의 많은 노력을 통해서 한국적인 자연장의 법적인 근거를 마련하도록 한 사실을 알고 매우 존경스럽게 생각합니다.

저자는 많은 세미나를 통해서 '개신교가 장례식을 개혁한다면 많은 사람들에게 도움을 줄 수 있고 장례문화는 혁명적으로 바뀔 것' 이라고 주장해 왔습니다. 저도 그 말에 전적으로 동의하면서 개신교회의 장례문화가 변화되어야 한다고 생각합니다. 한국문화 속에 널리 침투해 있는 다양한 우상숭배적인 요소는 결국 한국인을 구속시키고 속박시키는 결과로 나타나기 때문입니다. 한국교회 속에 섞여 있는 이교적이고 다양한 우상 숭배적인 요소도 개혁되어야 할 것입니다. 그리해야만 한국교회가 많은 사람들에게 도움을 줄 수 있고 이 땅의 소금과 세상의 빛으로 이 세계를 이끌어 갈 중요한 사명을 감당하게 될 것입니다.

우리의 고정관념은 점진적으로 좋은 생각과 방향으로 변해져가야 합니다. 이미 일본에서는 전통적인 화장에 얽매이지 않으며 자연장이 점점 보급되어 가고 있습니다. 박철호 목사님이 하시는 일들이 더 많은 부분에서 아름다운 결과로 나타나기를 기대합니다. 특별히 이번에 발행된 "아름다운 사람들"은 한국인의 내면세계를 아는 데 많은 도움이 되었습니다. 이러한 수고와 노력이 우상숭배적인 요소로 가득 차 있는 많은 부분을 개혁해 가는 밑거름이 되고 선도적인 역할을 감당하는 지도자로서 위치를 갖추는 계기가 되기를 기대합니다.

특별히 귀한 책을 발행하신 박철호 목사님의 활동에 마음으로부터 찬동과 경의를 표하는 바입니다. "아름다운 사람들"이 세계 사람들에게 소개되고 지구촌 전체의 사람들이 아름다운 사람들이 되기를 소망합니다.

또한 지구촌사람들 모두가 이 책을 통하여 한국 사람들을 이해할 수 있게 되기를 바라며 진심으로 "아름다운 사람들"의 발간을 축하드리고 이에 정중히 읽기를 추천합니다.

카베난토챠펠 일본인 교회 담임
백석문화대학교 겸임교수
미와 노부오 목사

모두에게 드립니다

지난 십 수 년 동안 한국인의 생사관에 대하여 많은 것들을 연구하고 정리해 왔습니다. 한국인의 삶과 죽음, 한국의 귀신 사상, 한국의 영적세계, 그리고 다종교관을 가진 한국인의 심성과 사고를 알게 되었습니다.

이에 누구나 읽을 수 있는 책자를 모든 분들께 드리고자 합니다. 본 책자는 한국인이면 누구나 읽을 수 있고 외국인들도 한국인을 이해하는데 좋은 자료가 될 것입니다. 또한 교인들이 읽어도 많은 도움이 될 것이고 전도용으로 사용해도 좋을 것입니다.

판매 수입금의 일부는 사별사모(死別師母)와 많은 목회자 유자녀를 돕는 기금으로 활용될 것입니다. 좋은 책으로 만들 수 있도록 협조해 주신 세줄기획 이명수 장로님과 구본일집사님에게 감사를 드립니다. 이 책을 읽는 모든 사람들이 "아름다운 사람들"이 되기를 소원합니다. 감사합니다.

지은이 박철호

다종교∨한국 사회∨진단서

아름다운 사람들 ·············

1. 우리는 누구인가?

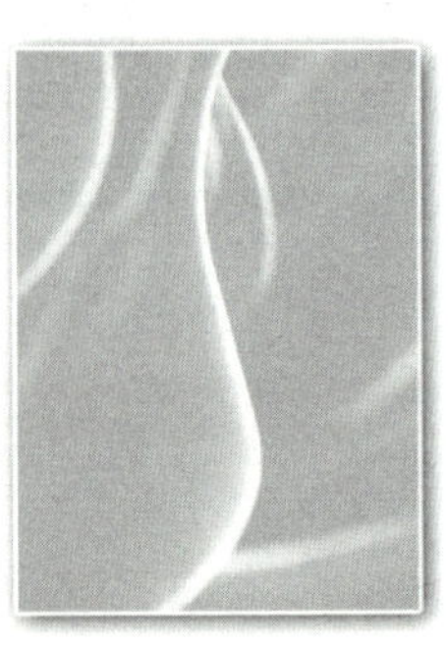

지하자원도 없는 조그마한 나라, 사면이 막혀 있는 옴짝달싹
도 못할 것 같은 대한민국이 어디에서 그런 힘이 나오는 것
일까? 외국인들에게 비춰지는 한국은 너무나 작은 나라이지
만 그 속에 들어 있는 한국인의 힘은 뭉치면 거대한 용광로
가 되어서 엄청난 괴력(怪力)이 생긴다.

1) 일만 년의 역사 민족

우리가 누구인가를 아는 것은 매우 중요한 것이다. '우리' 와 '나' 는 분명히 다르지만 한국인은 "우리" 라는 단어를 매우 즐겨 사용한다. 그러면서도 우리 속에 포함된 "나" 라는 존재가치를 오히려 우리 보다 더욱 크게 생각하며 살아가는 것이다. 우리 라는 개념 속에는 일만 년의 역사를 이어온 단일민족의 후예라는 자부심이 가득 차 있다.

우리 민족은 들풀과 같이 살아왔다. 그러나 굳건한 기상을 가지고 살아온 민족이다. 전 세계를 통하여 우리 민족만큼 똑똑하고 강한 민족은 드물다. 그렇기 때문에 우리 민족은 독특한 색깔과 개성을 가진 민족으로 전 세계인들이 도저히 이해하지 못하는 특이한 민족성을 가지고 세계 속으로 나아간다. 그리고 어느 누구도 우리 민족을 함부로 보지 못하게 만드는 힘을 가지고 있다.

우리 민족의 우수성은 세상을 놀라게 하고 세상 사람들에게 짜릿한 감동을 주기도 한다. 그 힘의 원천은 일만 년 역사의 밑바닥에서 나오는 거대한 힘이 있기 때문이다. 그러한 민족성은 우리나라만이 가지고 있는 독특한 토양적 배경과 환경적 요인들이 그 기반이 되는 것이다. 우리나라는 뚜렷한 기후 변화와 분명한 사계절이 있다. 이 땅이 만들어진 다음부터 생긴 여름철의 장마는 북쪽 기단(氣團)과 남쪽 기단의 전선형성으로 나타난다. 이 전선은 여름을 보내는 동안 엄청난 홍수로 이어진다. 북쪽기단이 강하면 남쪽에서 물바다가 되고 남쪽 기단이 강하면 북쪽에서 물바다가 된다.

겨울의 눈보라도 마찬가지다. 북풍한설은 태백산맥을 넘어가면서 따뜻한 공기로 바뀌고 모진 태풍은 동해로 빠져 나가면서 태백산맥을 중심으로 물벼락을 내리는 것이 우리나라이다. 이러한 지형적 환경들은 지역마다 특이한 문화와 풍습들을 만들어 내었다. 그리고 우리 조상들은 목숨을 부지하기 위해서 척박한 환경을 변화시켜 왔다.

우리 조상들이 치른 1000번에 가까운 전쟁은 어떻게 해서든지 살아야 한다는 생각을 갖게 했고 그 생각들이 우리의 삶이 되었다. 그리고 그 역사적, 환경적 배경이 지역마다 새로운 문화를 만들었다. 그래서 세월이 흘러도, 동서간의 거리가 몇 시간으로 단축되고 남북이 일일 생활권으로 바뀌어도 그 문화는 쉽게 변하지 않고 있는 것이다.

한국전쟁 후에 지속되어진 평화의 시간들이 과거 역사 중에 제일 길다고 한다. 그런 시간 속에서 우리는 지난 세기와 금세기를 통해서 많은 생활들이 수정되고 변화되는 격변의 세월을 살아왔다. 일부에서는 무분별한 외국 문화의 유입을 걱정하고 그 영향으로 우리의 사고까지도 훼손되어 버렸다고 한다. 그러나 우리는 우리

만이 갖는 독특한 긍지로 그런 걱정을 잠재우고 당당한
자긍심으로 우리만이 만들 수 있는 문화의 꽃을 활짝
피우며 살아왔던 것이다.

2) 거대한 용광로 - 대한민국

한국에서 여러 해 머물다 간 어떤 유명한 외국인은
한국인의 근성을 '군서근성(群鼠根性)'으로 표현하기
도 했다. 그의 주장에 의하면 우리나라 사람들은 떼쥐
(Lemmings)를 닮았다는 것이다. 북유럽의 구전동화인
"피리 부는 사나이"에 나오는 떼쥐는 자신들의 생존을
위해서 거대한 힘을 발휘한다. 이러한 엄청난 힘이 우
리 민족 속에 내재하고 있다는 것이다.

월드컵 응원단이나 외환위기 때 나타나는 금 모으기
운동이 그것을 증명한다. 또한 서해안 기름유출사고에
서 나타난 국민적인 지원과 앞 다투어 나서는 자원봉사

라는 이름의 참여가 바로 그런 것이다.

　이러한 일에는 종교적인 편견이나 지역적인 감정이 사라지고 국민이 힘을 모아 하나로 뭉친다. 누구의 잘못을 따지는 것은 차후의 문제이고 당장 해결되어야 할 문제들을 풀어야 한다는 것이 급선무라는 거대한 전선 (戰線)이 형성된다.

　그러한 거대한 힘은 꺼질 줄 모르고 타오르는 용광로가 되어 우리만이 만들 수밖에 없는 산업화의 신화를 창출해 내는 원동력이 되었다. 그 원동력은 아무리 대단한 외국문물이 들어와도 그 문물들을 새로운 우리의 것으로 만들어 내는 힘으로 나타났던 것이다.

　그 힘은 새로운 용광로가 되어 우리나라로 들어오는 다양한 문명 산업들을 정제하고 다듬어서 새롭게 만들어 내었다. 그리고 그 힘은 한국을 세계 속으로 나가게 만들고 세계 방방곡곡에 태극기를 휘날리게 만들었던 것이다.

위대한 지도자가 나타나 앞서갈 때 그 지도자를 따라 죽기를 작정하고 홍해를 건너가는 이스라엘 백성들처럼, 우리도 올바른 지도자가 나타나면 그 지도자를 통해서 우리만이 만들어낼 수 있는 엄청난 능력을 가지고 있다. 이순신 장군이 12척의 배로 거대한 일본군을 괴멸시킨 것처럼 우리 속에는 그런 무서운 힘이 살아 꿈틀거리고 있다.

그 무서운 힘은 맞춤형 자동차를 만들고 IT와 핸드폰을 만들어 세계 사람들이 이제는 한국 제품이 아니면 안 된다고 말하도록 하게 된 것이다.

지하자원도 없는 조그마한 나라, 사면이 막혀 있는 옴짝달싹도 못할 것 같은 대한민국이 어디에서 그런 힘이 나오는 것일까? 외국인들에게 비춰지는 한국은 너무나 작은 나라이지만 그 속에 들어 있는 한국인의 힘은 뭉치면 거대한 용광로가 되어서 엄청난 괴력(怪力)이 생긴다. 그리고 그 괴력은 우리를 세상 속으로 나가게 만드는 원동력이 되어준다. 우리만이 가지고 있는

거대한 용광로는 우리를 세상에서 가장 강한 존재들로
만들어 가는 것이다. 그러한 무서운 힘을 우리는 가지
고 있다.

3) 무궁화 꽃의 비밀

무궁화는 우리나라의 꽃이다. 일만 년 동안 우리와
함께 한 우리의 꽃이다. 그 무궁화는 공식적으로 단군
조선의 국화(國花)였다. 무궁화는 '우리나라가 무궁하
고 우리 민족이 무궁하라' 는 뜻을 담고 있다. 무궁화의
꽃말은 일편단심이다. 그리고 무궁화는 미묘한 아름다
움을 가지고 있다. 결혼식에 무궁화의 상징을 그린 활
옷을 입는 것은 다산성(多産性)을 나타낸다. 그 무궁화
의 의미 중에는 '인생은 허무하고 덧없음' 을 나타내기
도 한다. 아침에 피었다가 저녁이면 떨어지는 무궁화
는 그 화려함도 잠시라는 것이다.

무궁화는 어사화(御史花)이다. 과거에 급제하면 임금님이 친히 머리에 쓰는 사모(紗帽)에 붙여주는 꽃이 무궁화이다. 그 무궁화는 무궁한 번영과 강인함을 상징하고 나라와 만백성을 위해 헌신해야 할 공직의 중요성을 깨우친다. 변함없는 책무와 불의를 이기고 부정부패를 저지르지 아니하며 공복으로 최선을 다 해야 된다는 것을 의미한다. 국가와 민족을 생각하는 마음이 어사화 속에 담겨 있는 것이다.

무궁화의 개화는 드문드문 한 송이씩 피다가 어느 날 활짝 만개(滿開)하는 꽃이다. 그리고 연달아 계속해서 피는 아주 특이한 형태의 개화를 한다. 그러므로 무궁화는 우리 민족이 가지고 있는 군서근성과 맥을 같이 한다고 보는 것이다.

우리 민족은 준비하는 민족이다. 계획하며 준비하고 차근차근 진행시켜 목적을 달성한다. 옳다고 생각하면 그 힘은 들불(民火)이 되어 나타나고 거대한 용광로로 변한다.

그 거대한 용광로는 우리가 받아들이는 새로운 종교에서도 마찬가지다. 갑작스럽게 새로운 종교를 받아들이는 것이 아니라 서서히 받아들이면서 그 사상과 문화를 거대한 용광로를 통해서 걸러내는 것이 우리나라이다. 새로운 문화는 오랜 기간 검증되고 우리의 것이 되었을 때 또 다른 새로운 문화로 만들어지고 꽃피워진다.

그것을 함축적으로 표현하는 것이 무궁화 꽃의 비밀이다. 하나 둘씩 피다가 어느 날 갑자기 활짝 피어 버리는 무궁화 꽃은 우리 민족 속에 잠재되어 있는 우리만이 갖는 특성을 그대로 대변하고 끊임없이 이어져가는 우리의 영속성을 보여 주는 것이다. 그 영속성을 통해서 끊임없는 생명력을 갖게 된 것이 우리 민족이다.

그런 힘이 지난 몇 십 년 동안 전 세계에서 유래를 찾을 수 없는 경제 대국을 만들었다. 세계의 많은 나라가 우리나라를 배우고 싶지만 그들은 우리와 같은 일을 할 수도 없고 우리와 같이 되지도 않는다.

 그것은 우리만이 갖는 독특한 민족성이 있기 때문에 우리에게만 가능한 것이다. 그러나 간과해서는 안 되는 것이 있다. 그러한 독특한 우리의 만족성이 사분오열이 되어버리면 걷잡을 수 없는 파국을 초래하고 결국은 허약한 국가로 전락해 버린다는 것이다. 위정자나 지도자가 제대로 중심을 잡지 못할 때 부정부패가 판을 치고 혼란이 일어나서 그 결과는 엄청난 부메랑이 되어 다시 우리에게로 돌아온다는 것을 우리는 역사를 통해서 잘 알고 있다.

2. 다종교의 한국 사회

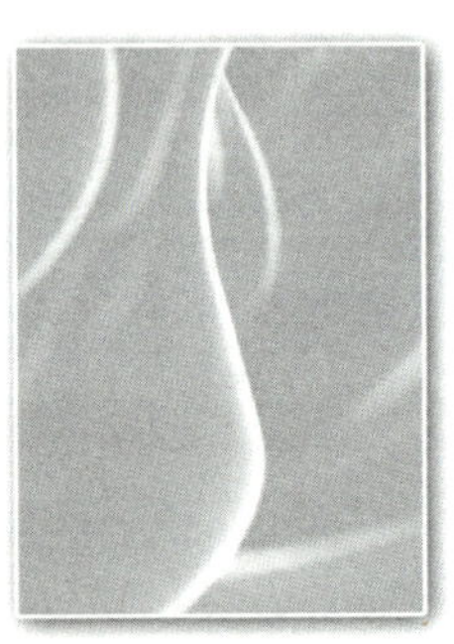

한국인은 시루떡 종교관의 사고 속에서 살아간다
고 보아야 할 것이다. 이러한 다종교의 종교관은
아무리 새로운 종교로 개종(改宗)을 한다고 하더
라도 변화되지 못하는 부분이 나타난다.

1) 단군사상과 태왕사신(太王四神)

우리는 어려서부터 단군정신, 단군사상에 대해서 많은 이야기를 듣고 자라왔다. 대표적인 이야기가 단군설화인 곰과 호랑이 이야기다. 곰 부족과 호랑이 부족은 우리나라의 토착세력으로 이 땅을 지배해 왔을 것이다. 곰의 부족은 원시인의 모습으로 동북아의 고대 샤먼신앙을 가지고 있었을 것이다. 그리고 그 나라로 일단의 무리가 쳐들어 왔다. 정복자들인 그들은 천손(天孫)의 자손이라 했고 그들의 신앙은 하늘신(天神)사상이었을 것이다.

그렇다면 그 토착 부족이 가졌던 종교는 무엇이었을까? 토착세력의 종교가 바로 샤먼의 신앙인 사신(四神)신앙이었다. 사신은 북현무, 남주작, 좌청룡, 우백호로 표현되는 사방의 신을 말한다. 그 신(神)들은 물과 구름과 바람, 그리고 불의 형상으로 설정되었고 그 신들은 인간들과 밀접한 관련이 있었을 것이다. 그 사신의 개념과 단군신앙의 개념이 합쳐져서 오방의 개념으로 등장되었고 그 오방의 개념이 한국적인 무당사상이 되어 지금까지 이어져 온 것이다.

오방의 개념은 음양사상과 맥을 같이 하고 있다. 음양사상은 오행사상으로 연결되고 그 음양오행은 풍수지리와 매우 밀접한 관련이 있다. 이 오방의 개념이 변하여 오방기로 나타난다. 오방기의 중앙은 황색이고 황색은 하늘의 아들인 천자(天子)를 상징하며 흙(土)을 표시하는 중심적인 위치를 나타내는 것이다. 사방의 4색과 나타내는 여러 상관관계는 다음의 표와 같다.

방위	사신(四神)	오행	계절	색깔	형상	음양	의미
동(東)	청룡	목(木)	봄	청(靑)	구름(雲)	양	창조, 생명
서(西)	백호	금(金)	가을	백(白)	바람(風)	음	결백, 순결
남(南)	주작	화(火)	여름	적(赤)	불(火)	양	정열, 역동
북(北)	현무	수(水)	겨울	흑(黑)	물(雨)	음	지혜

모 방송국에서 인기리에 방영된 태왕사신은 이러한

한국인의 심성을 잘 나타내었다.

그 중앙에 태왕인 "나 자신"이 자리를 잡도록 하고 그 태왕의 주변에 사신이 배치되는 것이다. 이것이 바로 한국의 풍수사상이다. 음택에서의 풍수사상은 조상이 발복의 주체가 될 때 자기에게 효력이 미친다고 생각했고 자신이 발복의 주체가 되면 자신의 자손들에게 영향을 미친다고 생각했다.

양택의 풍수지리는 배산임수로 득수(得數), 즉 물을 잘 얻을 수 있도록 되어야 명당의 조건이 성립한다고 믿는다.

이 사상들이 단군사상인 '홍익인간 이화세계(弘益人間 理化世界)' 와 연결되면 '널리 인간을 이롭게 하고 이치(理致)로써 세상을 다스리는 주체' 가 바로 "나 자신"이 되어야 한다고 생각한다. 그리고 자기 자신이 최고라고 착각한다.

이러한 생각이 수 천 년을 이어져 오다 보니 결국 우리 마음속에는 이웃과 더불어 잘 사는 것이 아니라 내가 잘 되어야 남을 도울 수 있다는 오만한 생각을 가지게 된 것이다. 그래서 내가 출세를 해야 되고 권력을 잡아야 되고 땅과 집을 많이 가지고 있어야 된다고 생각한 것이다. 그러나 그것은 매우 잘못된 생각이다. 그 생각이 잘못되었다고 여기면서도 우리는 태왕사신의 개념을 가진 채 살아가고 있다.

2) 시루떡 종교관

한국인의 종교관은 매우 복잡하다. 한반도에 위치한 우리나라는 오랜 세월과 역사 속에서 우리만이 가지는 독특한 종교관을 가지고 있다. 단군시대가 도래하기 전까지는 동북아시아 지방의 특이한 샤먼이 우리의 종교였다.

그들은 불을 좋아했고 그들의 신앙은 솟대신앙이었다. 먼 북쪽의 어느 별에서 자신들이 왔다고 생각하고 그 별을 바라보며 날아가기를 소원했다. 그리고 종족

을 유지하기 위한 방법으로 솟대신앙에서 파생된 삼신
사상이 있었고 죽고 싶지 않은 인간의 마음들을 고인돌
에 담았다. 그 속에는 영역의 표시이자 인간이라는 사
실을 영원히 남기고 싶은 마음도 들어 있었을 것이다.

그 신앙은 단군사상과 융합하여 새로운 생각들을 만
들어 내었고 태왕사신의 개념으로 자리를 잡게 되었
다. 그 개념은 새로운 신앙으로 자리 잡고 그 신앙 위에
도교와 여러 종교사상을 얹게 되어 다양한 이념을 가진
혼합 종교관을 가지게 된 것이다. 그리고 불교가 들어
와 이러한 혼합주의적인 사상들과 결합하므로 새로운
정신적인 지주를 형성하고 새로운 양태의 한국불교를
만들어 내었다.

삼국시대 후기에 일어난 도참사상은 예언사상으로
점을 보는 것이다. 그 도참사상이 풍수사상과 만나 새
로운 하나의 개념을 가지게 되었고 무속과 결합하여 점
괘로 모든 것을 해결하고자 했던 것이다. 결국 도교는

불교와 결합되어 고려의 국가종교로 자리 잡게 되고 고려를 지탱시켜온 불교이념은 통치이념으로서 많은 변천을 거듭하고 사회적으로 많은 폐단으로 나타나게 된다. 많은 폐단은 민간으로까지 연결되어 극도로 사회풍속이 문란하게 되는 양상으로 나타났던 되었다.

도참사상은 사회를 지탱시키는 무속과 결합되고 새로운 양상의 도교는 민중 신앙으로 자리 잡게 되었다. 많은 지식인들은 새로운 통치이념을 갈망하게 되었고 이러한 영향은 조선의 건국을 통하여 유학을 새로운 국가이념으로 정립시키게 된 것이다. 조선의 건국에 참여한 유학자들은 꾸준히 유학을 정치도구로 사용하여 통치의 기반을 조성하였다. 그 유학사상이 민중 속으로 들어가 완전히 자리를 잡게 되는 것이 임진왜란과 병자호란을 거치면서부터이다.

유학이 정착되고 주자가례의 새로운 모습들은 무속과 결합하여 우리나라만이 갖는 독특한 제사문화로 정착하게 된다. 제사는 샤머니즘 사상 속에서 나온 범신론적 숭배사상으로 귀신사상이다. 유학을 철저하게 신봉한 사람들은 귀신을 인정하지 않았다. 그러므로 조선 초기의 유학자들은 음식을 진설(陳設)해서 지내는 제사의 방법을 택한 것이 아니라 향을 피우고 차(茶)를 올리는 방법을 택했다. 제사는 귀신을 섬기는 것이 아니라 조상과 통교(通交)를 해야 된다고 생각했기 때문이다.

조선 중기(中期)로 접어들면서 유학사상이 민중에게 유교로 정착되어 종족(宗族)과 문중을 중시하는 종가(宗家)와 종법(宗法)이 등장하고 종가를 중심으로 마을이 형성되어 조상을 기리는 날이 되면 자손들이 모이게 되자 음식을 장만하게 되었다. 결국 제사는 주자가례의 제례와 연결되고 많은 음식을 만들어 풍성하게 제사를 지내는 것이 조상을 훌륭하게 기리는 것으로 왜곡되었던 것이다. 이런 사상은 주자가례의 변천에 의해 조선 후기에는 더욱 심하게 나타나고 관혼상제(冠婚喪祭) 중에서도 상례와 제례를 잘 해야만 부모를 잘 모시고 조상을 잘 섬기는 것으로 생각하게 되었던 것이다.

그 후에 천주교가 전래되어 조상제사를 거부하자 이는 국가통치의 반역으로 생각하여 대역죄에 버금가는 형률로 다스렸다. 그 다음에 들어온 개신교는 아예 제사를 우상숭배라고 하자 유학자들은 개신교인들을 상종하지 못할 인간들로 생각하게 되었다. 이러한 연유들로 인하여 한국인은 특별한 종교가 없다고 해도 이미 다양한 종교의 지식을 가지고 있으며 그 분위기와 그 범주 속에 묻혀 살고 있는 것이다. 그러므로 다종교 성향이 매우 강한 시루떡 모양의 다종교 사고를 자신도 모르게 하게 되고 가지게 된 것이다.

그 시루떡의 단면도에는 맨 밑바탕에 무속사상을 깔고 도교와 불교, 유교와 기독교 그 외에도 다양한 종교들이 절편(切片)이 되어 포개져 있다. 그렇기 때문에 한국인은 시루떡 종교관의 사고 속에서 살아간다고 보아야 할 것이다. 이러한 다종교의 종교관은 아무리 새로운 종교로 개종(改宗)을 한다고 하더라도 변화되지 못하는 부분이 나타난다. 이러한 사고를 가진 사람을 "혼합된 복합 영"을 가진 사람이라고 부른다.

3) 혼합된 복합 영(靈)

일부의 영통인(자신이 영적으로 통달했다고 하는 사람)들과 심령학을 연구하는 사람들은 한국인의 영혼을 조각 영(靈)이라고 표현한다. 그들은 한국인의 영은 순수한 영혼으로 태어나지만 그 영혼 속에 유전되어 내재된 다양한 사상적 체계가 조각조각 모여 있다고 보는 것이다. 어떤 이는 한국인의 영혼 속에 내재되어 있는 영은 다양한 영을 포함한다고도 말한다.

그들은 지금 이 땅을 사는 한국인들 속에는 수 천 년 전의 한국 사람들의 다양한 영과 몇 백 년 전의 한국 사람들의 영들이 조각조각 결합되어 있다고 본다. 이것이 가능한 일일까?

이러한 논리는 한국인만이 갖는 복잡한 사고체계를 말하는 것이다. 혼합된 복합 영은 한 가지 생각을 통해서도 다양한 견해를 창출한다. 하나의 "RED" 칼라가 한국인에게는 연 빨강에서 진빨강까지 다양한 색깔로 나타난다. 그뿐 아니라 프리즘을 통과한 빛이 일곱 색깔로 나오는 것처럼 어떤 문제이든 간에 다양하게 반응한다는 것이다. 이러한 생각들은 창의적인 다양한 일들을 할 수가 있다. 한국인의 혼합된 복합 영은 세계를 제패하는 핸드폰과 IT 산업은 물론, 전 세계에서 유래를 찾아볼 수 없는 인터넷 강국으로 만든 원동력이 되었다고 말하기도 한다.

또한 인터넷에서의 블로그는 세상 어디에서도 찾을 수 없는 지식창고이다. 누가 보든 말든 자신의 주장과 의견을 마음껏 펼쳐가는 매우 좋은 도구임에는 틀림없다.

이러한 생각들은 많은 문제를 만들기도 한다. 자기 마음대로 상상하고 생각하는 것이 마치 이루어진 것처럼 여기고 행동한다. 남의 일에 지나치게 관심을 가지고 참견한다. 알지도 못하는 일을 확대시키고 비화시키는 것은 다른 사람을 죽음으로 몰아갈 수도 있다. "아니면 말고"가 다른 사람을 죽이기도 한다는 것이다.

복잡한 사고체계가 역작용으로 발전되면 자신만을 위해서 살려는 생각이 매우 강하게 나타난다. '나' 스스로의 실수나 잘못을 남에게로 돌리고 그 생각이 점점 커져서 모든 세상 사람들을 적으로 생각해 버리는 큰 잘못을 범하게 된다. 이러한 행동들이 반사회적으로 나타나면 엄청난 후유증으로 나타나는 것이다.

우리나라 사람들에게서 나타나는 강한 승부욕은 우리나라 사람만이 갖는 독특한 사고체계에서 출발한다. 그러한 사고체계가 개인적인 욕심으로 나타나면 결국 자신을 죽이고 남까지도 죽이는 결과로 나타나게 되는 것이다. 다양화 되어가는 세상에서 우리가 가지고 있는 복잡한 사고체계는 나라와 민족, 그리고 인류 발전을 위해서 쓰이도록 해야 한다. 그렇게 될 때 우리는 더 많은 일을 할 수 있고 더 많은 일들을 통해서 일류의 무한한 발전과 공영에 이바지 하게 될 것이다.

3. 우상은 무엇인가?

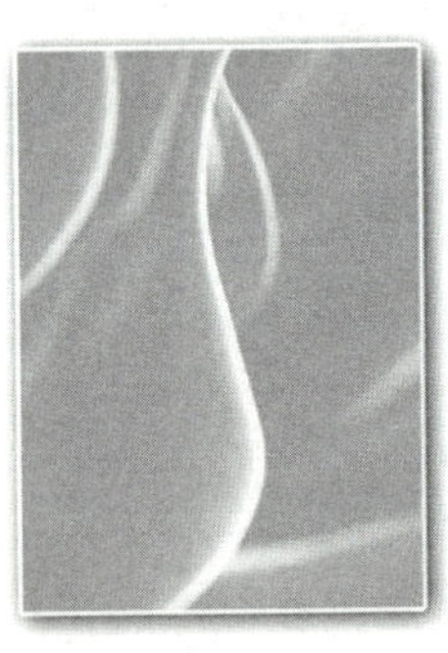

인생이 이 세상에서 사는 동안 나타나는 모든 일들은 습관성이 될 수 있고 중독증상으로 나타난다. 그러나 인간은 무슨 일을 해도 일정한 시간이 지나면 실증을 느낀다. 그리고 스스로 자정(自淨)의 능력을 가지게 된다. 자정의 능력은 제어하는 힘이다.

1) 잘잘잘

얼마 전까지만 해도 어른에게 아침 인사를 할 때, "진
지 잡수셨습니까?" 라고 했다. 아침밥도 먹지 못했던 시
절이 우리에게도 있었다.

지금도 아침밥을 못 먹는 사람들이 있다. 안타까운
것은 아내 없는 남자 노인들의 경우 많은 사람들이 아
침을 먹지 못한다는 것이다. 자살하고 싶다는 응답자
중에서 제일 많이 나온 계층의 응답자가 아내와 사별한
노인이라고 한다,

시골에서 두 부부가 살다가 아내가 먼저 떠난 노인들
은 혼자 사는데 많은 어려움을 겪는다. 자식의 권유로
자식과 함께 살면 혼자 사는 것보다 나을 것 같다는 생
각에 재산을 정리해서 자식을 따라 도시로 나온 노인들
은 아파트가 감옥이다. 바쁜 일상을 핑계로 언제 나갔

다가 언제 들어오는지 조차도 모르는 가족들은 일주일에 얼굴 한번 보기가 힘들고 노인들은 하루 한 끼의 밥을 걱정하면서 살아간다.

요즘에 유행하는 단어 중에 "잘잘잘"이라는 말이 있다. 잘 먹고 잘 살다가 잘 죽자는 것이다. 지금 우리나라에서는 잘 먹고 잘 살다가 잘 죽는 것이 최고의 화제가 되어 버렸다. 잘 먹고 잘 살다가 잘 죽는 것이 웰빙의 전체인양 말한다. 하루 한 끼도 해결하지 못하는 사람이 있는가 하면 공중파만 틀면 잘 먹고 잘사는 이야기만 한다. 공중파에 나온 맛 집은 간판 위에 간판을 붙인다. 맛 집을 소개하는 인터넷 사이트가 있고 핸드폰으로 맛 집에 대한 정보를 보내 주기도 한다.

그 중에서도 잘 사는 것이 매우 중요하다고 생각한다. 하늘의 별을 셀 수 있는 곳에 통나무로 만든 집을 짓고 황토벽을 만들어 살아야 잘 사는 것처럼 선전한다. 아파트에 황토 벽지를 바르고 아토피 방지제를 뿌

려서 건강하게 오래오래 사는 것이 웰빙인 것처럼 말하고 있다. 그리고 잘 죽어야 된다는 것이다, 잘 죽는 것도 방법이 있다. 좋은 집에서 잘 먹고 잘 살다가 9988234(99세까지 88하게 살다가 2-3일 아프고 죽는 것(4)이 잘 죽는 것)를 해야 된다고 생각한다.

그것도 모자라 수단 방법 가리지 않고 많은 돈 모아서 자식들에게 폐 끼치지 않고 노인 요양원에서 산송장으로 산소 호흡기에 링거 꽂고 호흡이 멈출 때까지 살다가 죽는 것을 원하는 사람도 있다.

웰빙이 우상이 되고 잘 죽는 것이 우상이 되어서는 안 된다. 우상은 염치와 수치를 모두 팽개치는 것이다. 자기가 좋아하는 것에 모든 것을 쏟아 붓고 자신의 욕망만 충족시키고자 하면 그것이 바로 우상이다. 그것이 무엇이든 간에 그것을 최고로 여기고 그것의 종이 되어 살면 그것이 우상이 되는 것이다.

우리 조상들은 우상을 경계했다. 그래서 이 세상의 것에 미련을 두지 말라고 했다. 무엇이든 우상이 되면 자신의 앞길을 망치기 때문에 전쟁에 나가는 장수는 처자식을 칼로 베어 버리고 나갔다. 처자식도 우상이 될 수 있기 때문에 그 처자식까지도 우상의 대상으로 만들고 싶지 않았던 것이다.

잘 먹고 잘 살고 잘 죽는 것이 우상이 되어서는 절대로 안 된다. 인간이 염치와 수치를 팽개치면 짐승보다 못하게 되는 것이다. 짐승은 배부르면 잠을 자지만 인간은 배가 부르면 다른 생각을 하게 된다.

언제부터인가 우리 조상들이 가지고 있던 생각들이 변질되기 시작했다. 지금의 우리나라 사람들은 우리나라에서 하지 못하는 일들을 다른 나라에 가서라도 해야 직성이 풀린다. 아무리 좋은 직장이라도 한번 비위가 뒤틀리고 억압 받는다고 생각하면 사표(辭表)를 던져 버리고 만다. 그리고 자신이 자기고 있던 정보를 돈의 가치로 생각하고 돈만 된다면 그 정보가 산업의 기밀이든, 국부(國富)의 가치가 있든 생각하지 않고 팔아 버린다. 자기 자신의 부(富)를 위해서는 무슨 일을 해도 괜

찮다는 생각들을 한다. 심지어는 양심까지도 팔아 버리는 일들까지 하고 있다.

　어울려서 만들면 잘 만들 수 있는데도 자기가 중심이 되어야 하고 중추적인 역할을 하고 싶어 한다. 그 일을 맡아서 책임지고 끌고 갈 능력도 없으면서 자신이 맡아서 해야 잘 한다고 생각하다가 제 스스로 넘어지고 마는 것이다. 그러면서도 자기가 장(長)이 되고 싶어 하고 책임을 맡으면 남을 지배하려고 한다.
　장(長)은 섬기는 사람이 되어야 한다. 섬기지 않고 지배하려고 하면 스스로 우상을 만드는 꼴이 되는 것이다. 그리고 결국에는 자신을 파멸로 몰고 가는 결과를 가져오게 된다.

2) 점점 늘어나는 중독자들

　중독증은 시대에 따라서 그 양상을 달리해 왔다. 그

중에도 알코올 중독이 제일 오래된 중독이다. 술은 인간의 기원과 같다고 본다. 열매를 따서 모아 둔 것이 술이 되었고 우리나라 문헌에는 고구려의 시조인 동명성왕 때부터 술의 기록이 있다. 그러나 술은 더 오랜 옛날부터 있었고 그 술을 나누어 먹는 것은 제사를 지낸 다음 음복주(飮福酒)로 시작되었던 것이다.

우리나라의 전통적인 술 습관은 촌장이나 스승, 부모 앞에서 배우도록 했다. 술을 잘 배워야 사람구실을 한다는 것이다. 술을 잘못 배우면 패가망신하고 쪽박 차는 인생이 된다고 생각했다. 그런 연유로 술을 잘못 마시면 공동체에게 큰 해악을 줄 수 있다고 보았기 때문에 술을 잘 배워야 한다고 생각한 것이다.

요즘에는 술을 먹는 것이 너무 보편화 되고 남녀노소를 불문하고 술을 마신다. 술 중독은 알코올 기운이 떨어지면 알코올을 보충해야 살 수 있다. 인간은 누구나 알코올 기운을 조금씩은 가져야 한다. 술을 마시지 않는 사람도 미량의 알코올 기운을 가져야 하기 때문에 알코올이 든 음식을 섭취하는 것이다. 그러나 술 중독자는 알코올을 섭취하는 것이 아니라 알코올을 보충해야 한다. 인체 세포가 알코올을 요구하면 자신도 모르는 사이에 술을 먹어야 하는 것이다. 중독은 술만 해당되는 것이 아니다.

담배, 도박, 마약, 인터넷, 춤, 쇼핑, 섹스, 모든 인생살이의 수단이 중독으로 나타날 수 있다. 심지어는 일 중독, 종교 중독까지도 있다. 인터넷 중독은 인간들에게 엄청난 해악을 준다. 이틀 동안 한 자리에 앉아서 인터넷만 하면 몸이 경직되고 죽는다. 아무리 정신적으로 강하다고 해도 몸은 생명체이기 때문에 한계에 봉착하면 죽는다.

그 뿐 아니라 모든 중독은 생명체인 인간의 몸을 죽게 만든다. 몸만 죽게 만드는 것이 아니라 인간의 관계성과 영혼도 죽음으로 몰고 가는 것이다. 우리나라는 이러한 중독증을 '바람' 으로 표현했다. 일시적으로 끝나는 경우가 많기 때문이다.

　인생이 이 세상에서 사는 동안 나타나는 모든 일들은 습관성이 될 수 있고 중독증상으로 나타난다. 그러나 인간은 무슨 일을 해도 일정한 시간이 지나면 실증을 느낀다. 그리고 스스로 자정(自淨)의 능력을 가지게 된다. 자정의 능력은 제어하는 힘이다. 제어하는 힘을 갖지 못할 때 중독자가 되어 버린다. 중독증이 오래가면 문제가 생긴다. 중독증은 우울증이나 조울증과 함께 나타나기 때문이다.

　우울증이나 조울증을 현대 의학에서는 정신병으로 본다. 그러나 음양학에서는 음의 기운이 왕성해서 일어나는 현상으로 보는 것이다. 음의 기운은 양의 기운을 보충하면 낫는다고 생각하는 병이다. 양은 빛이다. 음의 병은 햇볕을 많이 쬐면 자동적으로 사라진다고 보는 것이 음양학적인 사상이다.
　그래서 동양사상에서는 음의 기운이 왕성해져서 생

기는 질환들을 귀신이 가져다주는 병으로 보기도 한
다. 그러나 이 모든 것들은 집착으로 인해서 일어나는
것들이다. 집착은 중독으로 이어진다. 그러므로 우리
는 중독을 분별하는 힘을 가져야 한다. 분별하지 못할
때 언제든지 중독자가 될 수 있고 그 중독은 우상이 되
어 자신을 파멸로 몰고 가게 되는 것이다.

3) 2만 불의 비밀

  인간은 항상 편안한 생활을 하기 원한다. 망각의 동
물인 인간은 과거의 어려움을 잊으려고 노력한다. 그
러나 잊으려고 해도 잊어지지 않는 것들이 있다. 그것
의 대표적인 것이 죽음이다. 우리는 죽음을 잊으려고
한다. 자기에게는 절대 찾아오지 않을 것이라고 생각
한다. 그러면서도 죽음에 대한 두려움은 항상 가지고
살아간다. 종교를 가진 사람이든 갖지 않는 사람이든,
죽음에 대한 두려움은 모두 가지고 있다.

그러나 종교를 가진 경우에는 죽음에 대한 두려움이 많이 감소한다. 기독교를 종교로 가진 사람들 중에서 교회의 직분을 맡아 종교생활을 하는 경우, 죽음에 대한 두려움은 매우 미약하게 나타난다는 것이 설문조사를 통해서 확인된 내용이다. 무엇이 그들을 죽음에서 초월하게 만드는 것일까?

누구든지 종교를 가진 경우에는 종교를 갖지 않는 사람들에 비해 죽음에 대한 두려움이 절반 이하로 줄어든다. 인간들이 가지는 죽음에 대한 두려움은 잘 사는 사람일수록 많이 나타난다. 노년이 보장된 직업을 가진 사람도 마찬가지다. 편안한 직업에서 정년퇴직을 하고 다복한 가정을 가진 노인일수록 죽음을 생각하기 싫어한다.

그런 사람들이 죽을 병에 걸리면 살기 위해 발버둥친다. 죽은 사자(獅子)보다 산 고양이가 낫다는 식이다. 그러나 죽음은 누구에게나 찾아온다.

누구에게나 찾아오는 죽음을 준비하고 사는 사람들

은 아름다운 죽음을 할 수가 있다. 요즘 웰다잉(well-dying) 하자고 한다. 준비해서 잘 죽자는 것이다. 그런데 그것은 문제가 있다. 죽음을 행복하게 맞을 수 있는 자신의 죽음에 대한 '행복 추구권'을 자신이 가져야 한다. 나의 죽음에 대한 모든 문제는 내가 결정해야 한다는 것이다. 죽음을 행복하게 맞이하기 위해서는 죽은 후의 내 자취와 내 모습, 내 육신까지도 어떻게 할 것인가를 스스로 결정하는 것이 바로 나에게 주어진 '행복 추구권'을 행사하는 것이다. 그것을 통해서 아름다운 죽음의 자유를 누려야 한다.

국민소득 2만 불이 되어 선진국으로 진입할 때쯤이면 국가적으로나 공동체적으로 아름다운 죽음을 준비하는 일들이 일어난다. 죽음에 대한 이야기들이 화제가 되고 그 화제를 통해서 죽음을 준비하면서 더욱 아름다운 생활을 하고 풍성한 삶을 살아가고자 노력한다.

그 기반 위에 고령화시대를 준비하고 더욱 견고한 노

후에 대한 구체적인 계획을 세워야 한다. 노인복지에 대해서 생각하고 아름다운 죽음에 대해서 공개강좌들을 실시해야 한다. 국민 소득 2만불이 넘어가는 시점부터는 자신을 위해서 사는 것이 아니라 주변과 공동체를 위해서 사는 것을 인생의 최고로 생각하는 분위기가 만들어진다. 그러므로 그때부터는 아름다운 인생을 마무리하기 원하면서 아름다운 삶을 살도록 노력하게 되는 것이다.

작금에 우리들은 사회적으로 이름이 알려진 많은 사람들이 자신이 가는 마지막 길에서 주변 사람들을 위해 자신의 몸을 주고 가는 것을 보게 된다. 어떤 사람은 장기를 기증하고 어떤 사람은 병원에 자신의 육신을 의료용으로 기증하기도 한다. 우리는 이러한 일들을 바라보면서 많은 변화를 가지도록 해야 할 것이다.

유학에서 말하는
　"신체발부수지부모 불감훼상효지시야(身

體髮膚 受之父母 不敢毀傷 孝之始也 : 사람의
육체는 부모가 주신 것으로 훼손하지 않는 것
이 효의 시작)"

이라는 말은 변화되어야 한다. 이러한 사상이 우리
마음속에 내재되어 있는 태왕사신(太王四神)의 개념과
합쳐지면 자기 자신만 생각하고 자기를 최고로 생각하
게 되는 것이다.

자신이 최고라는 생각은 주변을 힘들게 한다. 자신이
죽음 다음 매장만을 고집하는 생각들은 수정되어야 할
것이다. 화장 후에 유분(骨粉)을 납골시설에 보관하는
것도 생각해 보아야 할 것이다. 몇 십 년이 지난 다음
누가 관리를 해 줄 것인가 하는 문제는 자신과 전혀 상
관없는 일이기 때문이다.

국민소득 2만 불의 비밀은 물질적으로 어느 정도의
기반에 올라서면 인간의 모든 삶이 변한다는 것이다.
그렇기 때문에 죽음의 문제도 스스로 생각해야 되고 죽

음에 대해서도 고민하게 된다는 것이다. 그리고 자신
이 죽음을 통해서 이 세상의 무대에서 완전히 사라진다
는 것도 알게 된다. 그렇기 때문에 2만 불의 국민소득
은 우리에게 엄청난 생각과 행동의 다양한 변화를 요구
하는 하나의 분기점으로서 역할을 하는 것이다.

4. 종교가 없다고 말하는 그들

이 세상은 종교가 없다고 말하는 사람보다 종교를 가졌다고 말하는 사람들이 훨씬 양심적이라는 것을 잘 알고 있다. 없을 무(無)의 무교를 말하는 종교적인 이중성을 가진 사람들보다 당당하게 자신이 가지고 있는 종교를 밝히는 사람들이 사회적으로 헌신하는 공헌도가 높다는 사실을 인정해야 한다.

1) 종교는 왜 가져야 할까?

대학생들을 대상으로 설문조사를 한 결과 무교(無敎)가 50% 이상이라고 답변했다. 그들에게 민속종교에 대해 물었다. 90% 이상이 민속종교에 대해 알고 있다고 한다. 부모님이 민속종교를 가진 가정이 72% 이상이다. 민속종교는 무교(巫敎)를 말한다. 교회를 다닌 경험에 대해서 한번 이상 다닌 경험이 85%이다. 거의 대부분의 학생들이 교회를 다닌 경험이 있다는 것이다.

그러나 그들은 대개가 자신은 종교를 갖고 있지 않다고 말한다. 그렇게 말하는 그들은 100%가 종교를 가졌다. 시루떡 모양의 다종교(多宗敎)가 파편이 되어 수천 년의 시간을 지내는 동안에 유전인자로 변해서 그들의 몸속에 자연스럽게 배어있는 것이다. 다종교의 생각들이 우리를 감싸고 있기 때문에 우리 민족은 종교가 없다고 해도 그 본류에는 무속적인 사고를 가지게 된다. 다종교적인 사고만 가진 것이 아니라 동양 철학적이고 동양사상적인 것들을 모두 포함하게 된다.

이런 민족에게 종교는 무엇일까? 한 마디로 자기 합리화의 기초적인 근거를 제공하는 수단일 것이다. 다종교의 사회에서 사는 사람들은 복합적인 종교관 때문에 복잡한 사고를 가지게 된다. 그 복잡한 사고가 다양하고 창의적인 생각을 제공하는 것이 아니라 편협적이고 편향된 사고를 제공하는 출발점이 된다. 그 복잡한 사고는 자기의 생각을 최고라고 믿고 남의 의견을 받아들이지 못하게 만들기도 한다.

이미 짜여진 자기 틀을 그대로 고수하려는 집념이 강하다. 자신이 생각하는 방향이 설정되면 사고의 틀이 만들어지고 형성되어 정착하게 되고 그 틀 속에 자기 자신을 합리화 시켜간다. 그 틀을 깨는 것은 매우 힘들고 오랜 시간이 걸린다. 그렇기 때문에 다종교관을 가진 사회 일수록 같은 종교의 이념을 가지고 있음에도 분파가 많이 일어나는 것이다. 한 종교에서 생겨나는 파벌은 이해관계를 같이 하는 사람들의 모임으로 변한다. 그 모임은 어떤 교리나 이념을 바탕으로 하는 것이 아니라 이해관계가 바탕이 된다. 그리고 맞지 않으면 또 나누어지고 만다.

다종교의 사회는 종교뿐만 아니라 정치, 경제도 다양하게 변화되어 간다. 이합집산은 자연스럽게 이루어지고 그때그때의 상황에 따라 모든 것들은 유동적으로 변한다. 이러한 유동적인 것들은 빨리 달구어지고 빨리 식어버린다. 그러한 것들이 종교적으로, 정치적으로 이용될 때 엄청난 소용돌이가 만들어지다가도 언제 그랬느냐는 듯이 잠잠하게 되어 버린다. 구심력을 가진 강력한 힘이 나타나면 쏠림현상이 엄청나게 생겨서 뭉칠 때는 굉장한 응집력으로 뭉치다가 흩어질 때는 산산조각이 나버리는 것이다.

　　다종교관을 가진 사회는 혼합종교적인 생각을 제거하기 위해서 고등종교를 권장할 필요가 있다. 고등종교는 자신을 위해서 종교 활동을 하는 것이 아니라 사회와 주변을 위해서 종교 활동을 하는 것이다. 고등종교가 가지는 복의 개념은 고등종교를 공유하는 모든 구성원들에게 돌아갈 수 있도록 만들어 간다. 그러므로 고등종교에서 말하는 복은 자기 자신과 자기 가족들을 위해서만 행하는 기복적인 신앙생활을 말하는 것이 아니다. 자신만을 위해서 복을 비는 행위는 기복신앙이다. 기복주의적인 신앙은 결코 고등종교로 나아가지 못한다. 다종교관을 갖는 사회가 고등종교로 이행될 때 그 사회는 엄청난 역동성을 가지게 된다. 그러므로 우리는 고등종교를 가진 사회가 되어야 한다,

2) 종교의 힘이 미치는 사회적 영향

　　종교의 사고는 단일화를 요구한다. 단일화는 집착과

아집을 버리는 것이다. 개인적인 욕심을 버리고 편협된 사고를 버리는 것이다. 마음을 정화시키도록 하는 것이다. 고등종교를 가진 사람들은 집착과 아집을 버리고 창조적인 생각으로 변해간다. 창조적인 사고는 복잡하지 않을 때 생긴다. 훌륭한 학문적 업적을 남긴 사람들은 그 분야에서 시행착오를 겪으며 오랜 시간을 투자한 경우이다.

옛말에 "한 우물을 파라"는 말은 복잡한 생각을 버리라는 것이다. 한 분야를 전문적으로 개척하는 전문가는 많은 분야를 두루 섭렵한 사람들보다 한 분야에 꾸준한 관심을 가지고 매진한 사람들이다.

우리나라 교육은 한 우물을 파도록 만드는 것이 아니라 다양한 지식을 습득하도록 한다. 그렇기 때문에 한 분야의 탁월한 전문가를 양성하기가 매우 어렵다. 노벨상은 한 분야의 전문가가 받는 상이다. 운동선수가 이 운동이나 저 운동에 관심을 가지면 금메달리스트가 되기 힘들다. 세계적인 골퍼 스타는 그 분야의 1인자이다. 한 분야에서 최고가 될 때 그 분야의 전문가가 될 수 있고 그 분야의 최고가 될 수 있는 것이다.

다종교관을 가진 사람은 창의적인 생각을 많이 할 수 있다. 그 생각들은 매우 복잡하고 치밀한 일들을 잘 꾸민다. 그런 그들을 단순한 사고로 전환하도록 요구하는 것은 매우 힘든 일이다. 복잡한 사고를 가진 사람들은 단순하고 반복적인 일들을 즐겨하지 않는다. 그들은 반복적이고 일상적인 단순한 일들을 싫어한다. 그러므로 그들보다는 단순하고 보편적인 사고를 가진 사람들이 전문가의 길을 가기가 훨씬 쉽다는 것이다. 단순한 일을 한다고 얕잡아보는 것은 매우 잘못된 생각이다. 아무리 단순하고 하찮은 일을 해도 그 사람들이 사회를 지탱시켜 가는 힘이 되기 때문에 그 일들을 하는 사람을 멸시하거나 그 일 자체를 부인해서는 안되는 것이다.

한 종교를 오래 가지면 단순해진다고 비판한다. 그러

나 그것은 매우 잘못된 지적이다. 종교인으로 한 분야에서 오랫동안 일심(一心)으로 봉사한 사람들은 사회를 지탱시키는 힘이다. 그분들이 존경받는 사회가 되어야 한다. 사회적인 명성을 갖고자하는 잘못된 생각이나 자기의 재산을 늘려가고자 하는 욕심도 없이, 빛도 없이 헌신하는 그분들을 찾아내고 발굴하여 그 사람들의 선행을 세상에 널리 알려야 할 것이다. 그리고 그분들이 만들고자 하는 아름다운 세상을 이루어 갈 수 있도록 후원하고 도와주어야 한다. 그리하여 아름답고 풍성한 사회가 되도록 해야 할 것이다.

이 세상은 종교가 없다고 말하는 사람보다 종교를 가졌다고 말하는 사람들이 훨씬 양심적이라는 것을 잘 알고 있다. 없을 무(無)의 무교를 말하는 종교적인 이중성을 가진 사람들보다 당당하게 자신이 가지고 있는 종교를 밝히는 사람들이 사회적으로 헌신하는 공헌도가 높다는 사실을 인정해야 한다. 아무리 마음이 나쁜 종교인이라고 비판할지라도 종교를 갖지 않는 사람들보다 종교를 가진 사람이 훨씬 순수하고 아름다운 마음을 가지고 있다는 것을 누구도 부인하지 못한다.

그렇기 때문에 우리 사회는 종교에 대하여 해박한 지식이 있고 일가견이 있다고 하더라도 종교인이 아니면 그런 사람들을 사회공동체는 신임하지 않는다. 단순하고 보잘 것 없고 하찮게 보일지라도 그 일에 최선을 다하고 돌보고, 헌신하고 봉사하는 종교인을 존경하는 것은 그 일이 이 사회에서 꼭 필요한 일이기 때문이다. 그러므로 종교인들이 미치는 사회적인 영향력은 매우 큰 것이다.

3) 허상을 좇아가는 종교 지도자들

당신은 구계왕국을 아시는가? 그 나라는 티벳 북부 수미산 밑에 있었던 나라이다. 히말라야를 넘은 스님들이 세운 왕국으로 『kbs 차마고도』에서 소개된 9세기

경의 나라이다. 그 나라는 금으로 모든 집과 가옥을 칠한 금의 왕국이었다. 그런데 그 나라가 흔적도 없이 망해서 사라져 버렸다. 그 나라가 망할 때쯤에 그 나라 인구의 90%가 스님이었다고 한다. 결국 불경만 외우다가 망한 것이다. 성직자가 많아지면 사회적으로 문제가 생긴다. 우리의 역사도 그것을 말하고 있다. 신라와 고려도 결국에는 종교 지도자들 때문에 망한 것이다.

의사나 약사는 육신의 병을 치료해 주는 의술을 가진 선생들이다. 그러나 종교 지도자들은 육신도 보살피고 영적인 부분까지도 보살펴 준다. 그러한 종교 지도자들이 자신에게 부여된 책임과 의무를 망각하면 엄청난 문제가 생기는 것이다. 특히 우리나라는 다종교의 국가이다. 국가 최고의 법인 헌법으로 규정된 종교의 자유가 있고 누구도 종교의 자유를 막을 사람은 없다. 종교행위에 대해서 간섭할 수 없는 것이 불문율이다. 이러한 종교의 자유가 보장된 상태에서 종교 지도자는 매일 자고(自苦)하는 심정으로 살아야 한다.

종교가 세상을 떠나고 사람들을 떠나서 현실의 문제에 무관심해지면 세상은 혼탁해진다. 종교는 종교다워야 한다. 종교가 종교다울 때 세상은 아름다워지는 것이다. 종교가 아름다워지기 위해서는 종교 지도자인 수양된 영적 스승들이 제대로 서야 한다. 영적 지도자가 세상 속에서 소금과 빛의 역할을 제대로 감당하지 못하여 세상 사람들의 손가락질을 받으면 그들은 스스로 세상에 보이지 말아야 할 것이다. 이미 손가락질을 당한 영적 지도자는 문제가 있다는 것이다.

그러므로 영적 지도자는 매일 자신을 죽여야 하고 스스로 문제가 있다고 느끼고 비판 받으면 지도자의 직을 조용히 내려놓아야 할 것이다. 그 직을 내려놓는 것이 자신이 가졌던 종교를 지키는 것이고 지도자로서 책임을 지는 모습이 되기 때문이다.

요즘 우리나라의 많은 종교 지도자들이 허상을 좇아간다. 보이지 않는 그 무엇을 붙잡기 위해 몸부림을 친다. 종교들이 고등종교를 표방하고 세상 속으로 들어가지만 우리나라의 자살율은 OECD 국가에서 선두그룹이고 믿음생활의 기본이 되는 가정이 깨어지는 이혼율도 만만치 않다. 종교의 집회 장소는 날마다 숫자를 더해가고 종교 지도자들의 연합체는 엄청나게 증가하지만 그 단체들이 세상을 이끌어가는 힘이 되지 못하고 있다. 머리수 채우기에만 급급하고 있다. 머리수만 많아지면 된다고 생각한다.

그러나 머리수가 많아지면 어느 날 깨어지고 만다는 것을 알아야 할 것이다. 우리나라 사람들의 심리 속에는 파당(派黨)을 조직하고 권력을 잡기 위해 전력투구하다가 비주류가 되면 그 조직을 등지고 새로운 조직을 만든다. 그리고 자기가 우두머리가 되고자 한다. 종교 단체도 예외는 아니다. 한 부류의 종교 안에서 비슷한 교리와 이념을 가진 수십, 수백 개의 파당이 만들어지고 있다. 도저히 용납될 수 없는 방법으로 종교 지도자들이 양산되고 있다. 그리고 지도자의 가면을 쓰고 먹고 살 수 있는 방법을 찾아 종교를 팔고 있다. 준비되지 않은 종교 지도자의 양산은 세상으로부터 지탄을 받을 빌미를 제공한다. 그리고 그들은 종교의 이념까지도 팽개친 채 허상을 좇고 머리수로 승부를 내려고 발버둥 치게 되는 것이다.

이러한 일들은 결국 고등종교가 샤먼이 되고 당골네가 되어 점쟁이로 변해 가는 단초가 된다. 다종교의 한국사회에서 귀신사상이 고등종교를 빙자하여 순수한 사람들을 현옥시키고 혹세무민을 일삼는다면 문제는 심각해 질 수밖에 없는 것이다. 퇴마사를 빙자한 타락한 무당, 고등종교의 영적 지도자를 빙자한 혹세무민의 무당은 없어지고 사라져야 할 것이다.

한국의 귀신사상을 빙자하여 고등종교를 가장한다면 그것은 결코 용납할 수 없는 일이다. 영적세계의 비밀을 말해야 할 영적 지도자들이 한국적인 귀신사상의 노예가 되어 귀신의 종으로 둔갑한다면 그것은 심각한 일이 아닐 수 없다.

다종교를 가진 사람들 중에서 일부의 사람들은 자신이 영적으로 매우 예민하다고 자랑한다. 그리고 도저히 용납할 수 없는 행동들을 한다. 그들이 가는 곳에는 사람들이 구름떼 같이 모여든다. 마치 대단한 종교 지도자인 것처럼 행동한다. 이런 상황에서 고등종교의 영적 지도자로 세움 받은 사람들은 영적 예민함이 배가가 되어야 할 것이다. 영적 예민함이 없는 지도자들은 스스로 물러나야 한다.

이미 본인들이 그 사실을 잘 알고 있을 것이다. 영적 능력도 없는 사람들이 자기 합리화를 시키기 위한 방법이나 자가당착적인 생각으로 영적 능력을 악용한다면 문제는 더욱 심각해 질 것이다. 다종교의 한국 사회에서 고등종교를 빙자한 귀신사상으로 성공한 종교 지도자들이 있다는 사실은 이미 공공연한 비밀이기 때문이다.

그들의 마음속에는 전형적인 한국의 귀신사상이 자리 잡고 있다. 당골네 판을 가지고 머리 숫자로 자신들

의 성공 여부를 말하고 있다. 머리수를 채우기 위해서
대중버스를 운행하고 저인망식으로 싹쓸이를 한다면
그것도 심각한 문제이다.

　종교기관들이 껍질 종교인 양성소가 되어서 사회적인
지탄의 대상이 된다면 그것은 고등종교가 아니다. 껍질
신앙인만 양성하여 영혼까지도 죽이는 무늬만 가진 종
교 지도자가 있다면 그들은 진정한 영적 지도자가 될 수
없다. 껍질 종교인이 많아지는 사회는 엄청난 재앙이 밀
물처럼 밀려올 수밖에 없다는 사실을 알아야 한다.

5. 참 자유의 세계

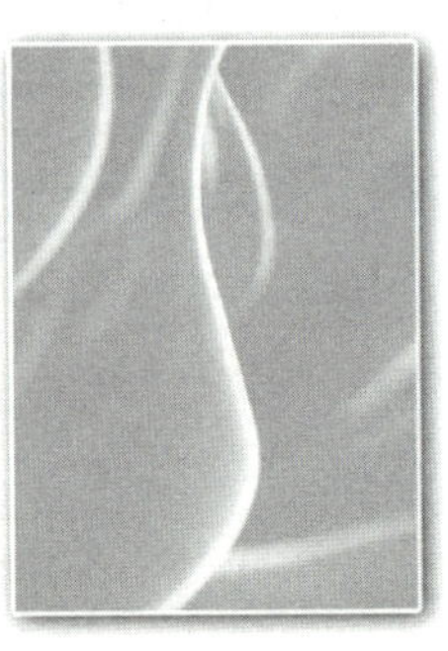

결코 그리스도인들은 앞뒤가 꽉 막힌 사람들이 아니다.
그렇게 보일 뿐이지 분명한 죽음관을 가지고 있는 진정한
그리스도인은 앞뒤가 훤히 트인 사람들이다. 그들은 매일
의 삶을 통해서 자기를 성찰하며 살아가는 사람들이며,
그러한 사람들을 진정한 그리스도인이라고 부른다.

1) 한국인의 죽음관

지구는 살아있는 것들의 낙원이다. 지구는 지구가 만들어질 때부터 자전을 했고 일 년에 한 바퀴씩 태양을 돌았다. 이 거대한 지구가 돌아간다는 것을 표현한 말이 성경에는 "신묘막측"이라고 했다. 신묘막측은 비교할 말이 없을 때 하는 말이다. 지구가 하루에 한 번씩 돌면서 일 년에 태양을 한 바퀴씩 돈다는 것은 무엇으로도 설명이 되지 않는 것이다. 그러나 지구는 생성될 때부터 스스로 자전을 하고 공전하면서 그 모습 그대로 그냥 그렇게 지내온 것이다. 자전을 통해서 지구는 표면의 곳곳에 햇볕을 준다. 그리고 사계절이 주어진다. 지구가 태양의 주의를 돌기 때문에 사계절이 생기는 것이다.

지구의 주위를 한 달에 한 번씩 달(月)이 돌아간다.

한 달에 한 번씩 달(月)이 지구를 돌기 때문에 지구에 있는 모든 생물은 번식하고 종자를 맺게 되는 것이다. 이 지구상에서 벌어지는 일들 중에는 도저히 과학적으로 증명되지 않는 것들이 있다. 그것은 지구가 해를 돌고 달이 지구를 돌기 때문이다. 그러므로 지구는 스스로의 치유능력을 가진다. 그것이 바로 자연이고 자연의 법칙이다. 그렇기 때문에 지구를 "살아있다"고 말하는 것이다. 지구는 산 자들의 낙원이고 살아있는 것들만이 존재한다. 살아 있는 지구에서 인간은 지구의 모든 것을 다스리도록 만들어진 존재이다. 영과 육체를 가진 인간은 충만하고 번성하여 모든 것을 다스린다.

그러나 인간이 할 수 있다고 생각하는 것들 중에도 인간은 분명한 한계를 가지고 있다. 그것은 바로 인간은 유한한 존재이며 죽을 수밖에 없다는 것이다. 그리고 인간은 어디에서 왔다가 어디로 가야하는지 인간의 지식으로는 도저히 알 수가 없다. 그러므로 인간은 죽음에 대한 숙제를 풀지 못하고 죽음의 공포에서 벗어나지 못한다. 이 죽음의 문제는 지구상의 모든 인간이 죽는 그날까지 해결되지 않을 것이다. 그러기에 인간들은 죽음의 문제를 해결하기 위해 다양한 생각들을 하고 다양한 연구를 한다. 그 하나의 방법이 삶을 통해서 죽음을 해결하려고 한 것이다. 그 방법이 샤머니즘이었다. 그러나 그 샤머니즘도 죽음을 시원스럽게 해결하지는 못하고 말았다.

그렇다면 한국인의 죽음관은 무엇일까? 한국인의 죽음관은 매우 복잡하게 나타난다. 한국인의 죽음관은 조상신 개념이 매우 강하다는 것이다. 그 조상신 사상은 우리의 영혼관과 밀접한 관련이 있고 우리의 영혼을 북쪽의 어느 별에서 왔다고 생각하는 것이다. 그래서 우리가 죽으면 조상들이 있는 북쪽의 어느 별로 간다고 생각했다. 그것이 솟대신앙으로 나타나고 솟대는 북쪽을 바라보면서 서 있는 것이다. 그 영혼관이 샤먼과 결합하여 저승은 이승의 연속선상에서 이루어진다고 보는 것이다. 그러므로 이 세상에서 좋은 일을 많이 하고

선한 행동을 많이 하면 죽음 이후의 저편에서도 행복하
게 살수 있다고 보는 것이 우리의 죽음관이다.

이러한 사상은 도교와 결합하여 신선사상으로 나타
나고 불교와 결합하여 윤회사상으로 나타났다. 그리고
유교와 결합하여 조상신을 기리는 제사로 나타나고 음
양사상과 결합하여 풍수사상으로 나타난 것이다. 이러
한 다종교의 영향 속에서 나타나는 우리나라 사람들이
가지는 죽음관은 매우 혼재되어 있고 복잡하게 되어 있
다. 이러한 복잡하고 혼재된 죽음관은 우리나라 특유
의 귀신사상으로 연결되고 귀신의 명칭은 많아서 이름
만 붙이면 귀신이 되는 것이다.

또한 우리나라만이 갖는 특이한 혼육설(魂肉說)은 혼
백(魂魄)사상으로 혼은 위로 올라가고 백은 밑으로 내
려간다고 생각했다. 또한 정신(情神)의 개념은 신은 귀
신이 되고 정은 뼈 속으로 들어간다고 생각했던 것이다.
그리하여 혼백의 상징인 신주나 지방, 사진을 세우고 제

사를 지내고 무덤이나 납골당에서 제사상을 차리고 절을 하는 것이다. 이러한 혼육관은 영혼의 길잡이인 영매가 저승길을 인도해도 그 억울한 혼은 저승을 가지 못가고 귀신이 되어 이승에서만 맴돌게 되는 것이다.

2) 그리스도인의 죽음

인간은 나이가 많아지면 많아질수록 복잡한 생각을 버려야 한다. 혈기방장(血氣方將)한 20대나 30대가 갖는 생각을 나이가 많아서까지 갖게 되는 사람일수록 불치의 병에 걸릴 확률이 높다고 한다. 세상의 연륜은 사람을 조용하게 만든다. 복잡한 사고가 순화되고 많은 생각이 정리되어 단순화되는 것이다. 종교를 가진 사람들은 복잡한 생각을 정화하고 단순한 사고로 변화되도록 노력해야 한다. 그 방법으로 수도의 생활과 기도의 생활을 요구하는 것이다.

그리스도인도 예외는 아니다. 세상 사람들은 그리스도인을 보고 앞뒤가 꽉 막혔다고 한다. 그러나 결코 그리스도인들은 앞뒤가 꽉 막힌 사람들이 아니다. 그렇게 보일 뿐이지 분명한 죽음관을 가지고 있는 진정한 그리스도인은 앞뒤가 훤히 트인 사람들이다. 그들은 매일의 삶을 통해서 자기를 성찰하며 살아가는 사람들이며, 그러한 사람들을 진정한 그리스도인이라고 부른다. 따라서 아름다운 그리스도인은 죽음을 알기 때문에 주 안에서 살기를 소망한다. 그리고 주 안에서 거룩하게 구별되어 사는 사람들을 성도(聖徒)라고 부른다. 그들은 교인이나 신자와 다른 사람들이다.

한국 교회에는 많은 교인들이 있다. 그들은 주일날 예배당을 찾아서 예배를 드리고 봉사를 하고 행사에 참여한다. 교인이 많은 예배당이 부흥되었다고 하고 교인 숫자가 많은 지(支) 교회의 교인들은 큰 자부심을 가지고 살아간다. 어느 정도 신앙생활을 하면 그들은 신자가 되기를 원한다. 올바른 헌금을 드리고 물질을 드리고 모든 삶을 드리며 살기를 소원한다. 그 신자들은 목회자도 포함되고 중직자도 포함되고 일반 교인도 포함된다. 그러나 그들이 모두 성도가 되는 것은 아니다.

하나님 나라는 성도들이 가는 곳이다. 성도(聖徒)는 구별된 삶을 살기를 소원하며 주님의 말씀 안에서 살다가 주님이 계시는 그 나라로 가기 위해 몸부림치며 살아가는 하나님의 백성들이다. 그들은 거룩한 하나님의 백성으로 예수 그리스도 안에서 육신의 죽음을 맛보지 않고 살기를 소원하며 육신의 죽음을 맛보지 않고 하늘 나라로 가는 사람들이다.

구약시대의 에녹은 하나님과 동행하다가 하나님이 데려가심으로 세상에 있지 않았다고 했다. 신약의 스데반 집사는 예수를 믿는다는 이유로 뭇사람들에게 돌멩이로 맞아 죽었다. 그는 숨이 끊어져 가면서도 하늘 문이 열리고 하나님 우편에 계시는 예수님을 보았다고 큰 소리로 증거 했다. 그리고 두 팔을 벌린 예수님이 스데반의 영(靈)을 받는 순간 스데반의 고함소리는 사그라지고 그 영은 주님 품속으로 들어갔다. 그 광경을 목격한 사울이 바울로 변하여 눈물의 사도가 되었다. 이 고니온에서 예수님을 증거 하다가 사람들이 돌로 쳐서 죽은 줄 알고 성 밖에 버렸던 바울은 하나님의 나라인 삼층천(三層天)을 보고난 다음부터 죽기를 마다하고 예수님을 증거 했다.

천사가 내려와 아버지를 모시고 올라가는 광경을 본 두 아들은 열심 있는 교회의 장로가 되었다. 99세 되는 여(女) 집사님은 육신을 벗기 전에 예수님을 만나고 큰 절로 예수님을 맞이하는 모습을 본 자손들은 모두 구원을 받았다. 일평생을 담배로, 술로 산 어떤 분은 죽음 직전에 세례를 받고 하늘 문이 열리는 것을 목사님에게 말하면서 주님 나라에서 만나자고 약속을 하고 육신을 벗었다. 이것이 그리스도인의 죽음관이다.

3) 그곳, 파라다이스

많은 사람들이 주님이 계시는 그 곳을 보았다고 증거한다. 복잡한 생각을 갖지 않고 예수 그리스도만 바라보고 주 안에서 산 사람들만이 그곳을 더욱 선명하게 보았다고 한다. 간절한 마음이 더하면 더 할수록 그 곳은 마음속에 더 가까이 다가오는 것이다. 주님을 알고 의지했던 많은 사람들은 죽음 직전 주님의 나라를 증거하고 그 증거를 전해들은 부모형제와 자손들 그리고 일가친척들은 입을 통해서 그 나라를 간증한다.

한국인의 경우 영적으로 예민하면 예민할수록 부모나 일가친척이 육신을 내려놓고 죽음을 맞이할 때 그 사람이 어디로 가는지 알게 된다고 한다. 그들이 말하는 미지의 세계는 과연 저승일까? 그들이 말하는 그 곳은 환상에 불과한 것이 아닐까? 그러나 분명한 것은 영적 동물인 인간은 누구나 사후세계를 생각한다는 것이다.

확실한 구원관 속에서 그리스도인들만이 갖는 선명한 그 나라와 일반적인 우리나라 사람들이 갖고 있는 그 나라는 전혀 다른 곳이다. 혼재되고 혼합주의적인 귀신사상에서 출발하는 미지의 세계를 진정한 그리스도인들이 육신을 벗고 아름다운 영이 되어 가는 세계로 말한다면 그것은 매우 잘못된 것이다. 미지의 세계에 대한 지나친 환상은 결국 심각한 정신질환을 부른다.

우리나라의 귀신사상은 사후세계만을 관여하는 것이 아니라 우리 삶에도 깊숙이 개입하고 있다. 일부에서 나타나는 영성회복운동이나 내면치료를 빙자한 다양한 행위들이 한국적인 귀신사상과 맥이 닿아 있다면 경계해야 할 것이다.

또한 성령운동을 빙자한 영적 각성운동이나 치유운동은 영적 분별력으로 유심히 살펴보아야 할 것이다.

그리스도의 성령은 한국의 귀신사상과 전혀 다르기 때문에 한국의 귀신사상으로 접근하는 다양한 영적인 문제는 거룩한 하나님 나라의 성도라면 분명히 알 수 있기 때문이다. 그러므로 영적 문제는 매우 신중하게 접근해야 한다.

십자가에 달리신 예수님은 함께 달린 강도가 "당신의 나라에 임할 때 나를 기억해 달라"고 하자 그 강도에게 "나와 함께 낙원에 있으리라"고 하셨다. 그 순간부터 그 강도는 낙원에 있게 된 것이다. 올바른 그리스도인은 주님이 계신 낙원을 바라보며 살아가야 한다. 그리고 그리스도가 주신 분별력을 통하여 잘 되고 잘못된 것들을 구분하면서 나그네 인생길을 걸어간다.

이 세상에는 양이나 염소의 가면을 쓴 이리 같은 목자들과 교인들도 많이 있다. 하나님의 백성으로 구별된 진정한 그리스도인들은 그러한 가면을 잘 분별해야 할 것이다. 그 분별할 수 있는 영적인 능력은 그리스도로부터 나온다. 성도는 영적 능력을 매일 간구하며 영적으로 깨어 있어야 한다. 구별되어진 성도가 영적으로 예민하게 살아야 하는 것은 주님이 계시는 그 곳, 파라다이스의 생활을 이 땅에서 해야 될 책임이 있기 때

문이다. 성도는 이 땅에 사는 동안에 파라다이스의 생
활을 통해서 "참 자유"를 마음껏 누릴 수 있어야 한다.

6. 진정한 그리스도인

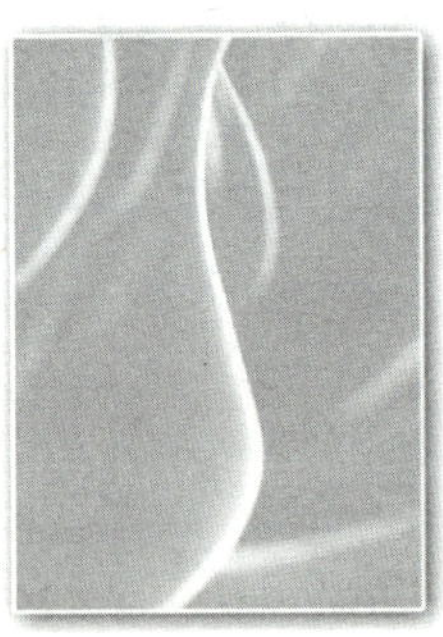

세상 사람들이 말하는 죽음이 그리스도인들에게는
세상에서 머물다가 하늘나라로 위치만 변경되는 것
이다. 결국 그리스도인들은 죽음을 부정하는 것이
아니라 위치 변경을 위해서 아름답게 사는 것이다.

1) 그대는 누구를 위해서 사는가?

이러한 질문을 받으면 우리는 대답을 잘 하지 못한다. 어떤 사람은 사랑하는 사람을 위해서 산다고 하며, 어떤 사람은 자식들을 위해서 산다고도 할 것이다. 부모보다는 남편과 아내와 자식들 때문에 산다고 말하는 사람이 훨씬 많을 것이다. 많은 사람이 남을 위해서 사는 척 말하지만 그것은 변명에 불가하다. 분명한 것은 자기 자신을 위해서 이 세상을 살아간다. 그것은 자신이 있어야만 가족이 있고 주변 사람들이 있다고 생각하기 때문이다. 자신을 위해서 살아가야 하는 숙명적인 존재가 바로 인간이다.

그러나 우리나라 사람들은 나 자신보다 '우리' 라는 공동체를 앞세울 때가 많이 있다. 특히 우리나라의 3연(三緣)은 매우 특이하게 엮어진다. 가장 끈끈한 연(緣)

은 혈연이다. 혈연은 불 속에 부모나 자식이 갇히면 죽음도 마다한다. 가족이라는 공동체와 문중이라는 같은 조상을 둔 사람들과 피붙이라는 혈연관계와 성(姓)이 같다는 한 뿌리의 의식은 대단한 힘을 발휘한다. 그리고 지연(地緣)이다. 고향이 같다는 것은 우리나라 내에서만 있는 것이 아니다. 외국을 다녀온 사람들은 외국에서 태극기만 봐도 가슴이 설렌다고들 한다. 다음이 학연(學緣)이다. 같은 학교를 졸업했다는 것은 매우 다른 감정을 준다. 유명 정치인이나 유명인들이 방송통신대 200만 동문 속으로 들어가고 싶어 한다. 이렇든 저렇든 우리가 가지는 3연(三緣)은 누구를 위해서 사는가를 단적으로 말하고 있는 것이다.

가족과 자신을 잘 아는 사람들을 위해서 자신만이 잘 되어야 된다는 태왕사신(太王四神)적인 생각은 이제 접어야 한다. '내가' 라는 생각은 버려야 하고 나 자신이 멘토(mentor)가 되어야 한다. 자신의 도움이 필요한 사람에게 힘이 되어야 할 것이다. 고래로부터 우리나라 노인들은 자신의 손목과 발목에 힘이 있을 때까지는 자식의 도움을 받는 것을 사양했다. 자기가 최고라는 것이 아니라 자기가 움직일 수 있는 동안은 다른 사람에게 폐를 끼치지 않겠다는 배려의 정신이다. '내가' 모든 일을 하는 것이 아니라 다른 사람을 배려하는 것이 중요하다. 그러므로 초개인주의로 가는 세상에서 내가 누구를 위해서 살 것인가를 생각하는 것은 매우 중요한 일이다.

핵가족의 등장은 가족공동체의 범위를 매우 크게 축소시켰다. 이 작은 공동체에서 서로를 배려한다는 것은 대가족 공동체보다 힘든 일이다. 자칫 잘못하면 아이와 돈이 우상이 되어 버리기 쉽다. 부부에 대한 예의와 가정에 대한 도리와 배려가 상실되어 가정 자체가 깨어져버린다. 다종교를 가진 사회에서 청교도적인 그리스도인의 삶이 매우 힘들게 보일지라도 그것을 고집하며 사는 그리스도인들은 그 안에서 누리는 '참 자유'가 있기 때문이다.

그 '참 자유'는 그리스도 안에서 특별한 사랑을 갖게 만드는 원동력이 된다. 그 사랑은 나눔이 되어 멀리멀리 퍼져가는 것이다. 그 나눔은 가정을 지키는 예의와 도리와 배려를 만드는 문화가 된다. 그리고 그것들은 아름다운 열매가 되어 세상을 밝혀주는 빛이 되기 때문에 그것을 아는 그리스도인은 묵묵히 '참 자유'를 찾아 갈 뿐이다. 진정 그대는 누구를 위해서 살아가고 있는가?

2) 죽음이 없는 인생길

동물은 나이가 많아지면 자연히 죽음을 맞이한다. 사람도 마찬가지이다. 사람은 나이가 많아지면 많은 생각을 하기 싫어하고 단순해진다. 2-30대의 혈기왕성하던 시절과는 전혀 다른 생각을 하게 되고 치밀하고 저돌적이던 40 전후의 생각에서 조용한 생각으로 돌아선다. 이렇던 하나님은 인간들에게 나이에 맞는 생각의 변화를 준다. 나이가 많아지면 많아질수록 생각의 깊이와 강도가 강해지는 것이다. 아무리 정신적으로 성숙했다고 해도 30대의 생각과 40대의 생각은 다르다. 그리고 50대와 60대의 생각이 다르다는 것을 인정해야 한다.

나이가 들면 깊이로 인해 판단의 시간을 미루는 경우가 많아진다. 연륜에서 미루어지는 판단은 빨리 내리는 결론보다 훨씬 낫다는 것을 부인해서는 안 된다. 나이가 많아지면 생각이 단순해지고 깊이를 더하게 되는 것이다. 고령화 사회에서의 나이는 많은 것들을 생각하게 한다. 충분히 일할 수 있는 나이에도 퇴직을 해야되고 왕성한 힘이 있음에도 일선에서 물러나야 한다. 그렇다고 마냥 하늘만 바라볼 수만은 없는 것이 현실이다. 그렇기 때문에 어느 정도의 안정된 노후가 보장되면 남은 인생의 시간들은 가족과 사회를 위해서 더 많은 일들을 감당할 수 있도록 되어야 한다.

우리나라에서 혼자 사는 남자 노인의 경우 심각한 우

울증을 겪으면서 죽음에 대한 불안을 느낀다고 한다. 자살하고 싶은 욕망을 가지기도 하고 자살하는 사람도 많이 있다. 누가 자기의 마지막을 책임져 줄 것인가를 고민하면서 인생을 마무리해야 하는 불쌍한 현실이다. 이런 상황 속에서 어떤 사람들은 나이가 많아져가도 죽음을 부정하며 영원히 살 것처럼 생각한다.

그러나 누구도 죽음은 부정할 수 없는 것이다. 그렇다고 해서 사회적 장치가 완전히 보장되어 죽음의 문제에서 해방된 것도 아니고 복지가 제대로 정착된 것도 아니다. 그러므로 점점 많아져가는 고령인구 속에서 죽음에 대한 새로운 가치관의 정립은 매우 필요하다.

이러한 죽음의 문제들을 종교를 통해서 해결할 수 있도록 해야 한다. 종교의 궁극적인 목적은 죽음의 문제를 극복하는 것이다. 종교를 통해서 죽음에 대한 대비와 위안을 받아야 한다. 이런 면에서 그리스도 안의 삶은 매우 유익하다. 그리스도인의 삶은 예수 그리스도

안에서 거룩하게 사는 것이다. 그 거룩은 결국 육신을 보잘 것 없는 나그네의 집이라고 생각하게 만든다. 그러므로 그리스도인들은 죽음이 없는 인생길을 살게 되는 것이다.

세상 사람들이 말하는 죽음이 그리스도인들에게는 세상에서 머물다가 하늘나라로 위치만 변경되는 것이기 때문이다. 결국 그리스도인들은 죽음을 부정하는 것이 아니라 위치 변경을 위해서 아름답게 사는 것이다. 위치 변경의 날을 기다리는 동안 그리스도의 향기를 날리며 살아간다. 그리스도의 향기를 날리기 위해서 되도록이면 복잡한 사고를 탈피하고 그리스도 안에서 단순해지기 위해 노력한다. 단순해지는 것은 죽음이 없는 인생길을 사모하는 것이다. 그 사모하는 마음으로 죽음의 고통이 없는 아름다운 죽음을 할 수 있도록 사는 것이 바로 성도(聖徒)인 것이다.

3) 당신은 지금 어디로 가고 있는가?

한국인의 사고 속에 형성되어 있는 '다음 생'의 개념은 이 땅에서의 생활이 연속적으로 전개될 것이라고 생각한다. 이생의 부부와 자녀가 다음 생에서도 부부와 자녀의 연을 맺고 살 것처럼 생각한다. 그러나 '다음 생'은 그런 곳이 아니라는 것을 우리는 너무나도 잘 안다. 그런 복합적이고 복잡한 생각은 버려야 한다. 그러한 생각들을 버릴 때 무엇이 우리를 이 땅에서 행복하게 하는 것인지를 알게 되는 것이다.

이 땅을 사는 사람들은 실력이 있든지, 돈이 있든지, 배경이 있든지, 3가지 중에서 한 가지는 꼭 있어야 된다고 생각한다. 그리고 돈은 무한정으로 있으면 좋겠다는 생각을 갖는다.

그런데 그 돈이 만악(萬惡)의 뿌리가 되는 것이다. 아무리 돈이 많아도 돈의 가치를 모르면 천(賤)하게 세상을 살아가게 된다. 우리는 그것을 너무나도 잘 안다. 그리고 자족(自足)이 무엇인지도 알고 있다.

오랜만에 만난 친구와 즐거운 대화 속에서 소박한 한 끼 식사를 하는 것이 행복이라고 생각한다. 몇 십억 원짜리 집에서 몇 천만 원짜리 자가용을 타고 고급레스토랑에서 몇 십만 원짜리의 식사를 하는 사람들도 육신을 벗을 때는 아무 것도 필요 없다는 것을 알고 있다. 죽음의 길에는 부부와 자녀, 부모형제와 일가친척, 그 누구와도 동행하지 않는다는 것도 알고 있다. 심지어는 애완동물도 같이 갈 수 없다는 것도 안다. 시간이 지나고 세월이 가면 갈수록 우리는 어디론가 가야 한다는 것까지도 잘 알고 있다.

진정한 그리스도인은 그것을 너무도 잘 알기 때문에 하나님 나라의 거룩한 백성(聖徒)으로 아름답게 살기를 소원한다. 이 땅에는 많은 교인들이 있고 신자들이 있다. 그러나 진정으로 아름다운 그리스도인은 얼마나 될까?

하나님 나라는 진정한 그리스도인들만 가는 곳이다. 에녹처럼, 스데반처럼, 바울처럼 그 나라를 아는 사람들만이 가는 곳이다. 동일한 아브라함의 자손이었지만 부자는 그 나라에 들어가지 못했다. 세상에서 천대 받고 손가락질 당한 거지 나사로는 그 나라로 갔다. 예수님과 함께 십자가에 달린 두 강도 중에서도 한 사람만 주님과 함께 낙원에 있게 되었다. 그들은 주님나라를 가슴에 품었기 때문에 주님이 계시는 그 나라로 간 것이다.

다종교의 한국 사회에서 우리에게 필요한 것은 무엇일까? 학벌 좋고 돈 많고 명예가 있는 것일까? 잘 먹고 잘 사는 것일까? 그것은 결코 아니다. 사람답게 사는 것이다. 혼자만 잘 먹고 잘 살다가 잘 죽는 것이 사람답게 사는 것이 아니다. 혼자서 잘 먹고 잘 살다가 죽는 것은 불교에서 말하는 무간지옥으로 가는 것이며 기독교에서 말하는 음부로 가는 것이다. 먹고 살만해지면 무엇 때문에 먹고 살아야 하는지를 생각해야 한다. 그리고

나는 누구이며 이 나라와 이 민족은 나와 무슨 상관이
있는지를 고민해야 한다.

　많은 성도들이 날마다 눈물 흘리며 나라와 민족을 위
해서 기도하는 것은 이미 그들은 주님이 계시는 그 나
라를 알았고 소유했기 때문이다. 주님이 계시는 그 나
라를 소유한 사람들은 자기 자신을 위해서 사는 것이
아니라 다른 사람들을 위해서 살아간다.
　그래서 그들을 "진정한 그리스도인"이라고 부르고
"아름다운 사람들"이라고 말하는 것이다. 오늘도 그들
은 나그네의 인생길을 묵묵히 걸어가며 구별되어진 성
도(聖徒)의 삶을 살아간다. 그리고 그 아름다운 사람들
은 예수 그리스도를 모르는 사람들이 진정한 아름다운
그리스도인으로 변화되기를 소원하며 살아가는 것이다.

　그렇다면 당신은 지금 어디로 가고 있는가?

에필로그

많은 도움이 되시기 바랍니다

사랑하는 남편과 아내, 가족과 가정, 그리고 자기 자신을 위해서 앞 만보고 달려오다가 어느 날 문득 맑은 하늘에 신기한 모양을 하고 떠가는 구름을 보면서 코끝이 찡해지는 경험을 한 적이 있습니까? 사람이 살아가면서 최소한 두 번 이상은 그런 경험을 한다고 합니다. 한번은 사춘기(思春期) 때이고 한번은 사추기(思秋期)라고 합니다.

옛날 성현들은 인생을 살면서 코끝이 찡해지는 그런 경험이 없으면 인생의 진면목을 알지 못한다고 했습니다. 바람이 어디에서 와서 어디로 가는지 우리는 알지 못하고 살아갑니다. 우리 인생, 또한 어디에서 왔다가 어디로 가는지 모릅니다. 많은 인생의 선각자들은 '인생은 어디서 왔다가 어디로 가는지'에 대해서 알기 위해 그것을 찾아서 길을 떠났습니다.

한국 민속을 접하다 보면 우리 민족은 비유나 의인화의 기법을 탁월하게 구사한 것을 보게 됩니다. 지역 지역마다 귀신

이야기가 수 없이 많이 있습니다. 명당 이야기들이 가득 합니다. 철따라 붙여지는 다양한 이야기 거리 속에는 우리들이 어떻게 살아가야 할 것인가를 알게 하는 것들이 많이 있습니다. 이런 기본적인 토양이 우리 민족을 역동성 있게 만들고 세계에서 최고의 사람들로 만들어 가는 것입니다.

그러나 어쩔 때는 그런 많은 이야기들이 괴담으로 바뀌고 유언비어로 바뀌어 아까운 목숨을 앗아가기도 합니다. 그 중심에는 우리 민족만이 가지는 영적인 예민성이 작동하기도 합니다. 그러나 지나친 영적 예민성은 좋은 것보다 좋지 못한 결과를 만들기도 합니다. "카더라"가 지나치면 더 많은 부작용이 나타납니다. 근거 없는 이야기가 와전되면 엄청난 사회적인 손실이 발생하기도 합니다.

"아름다운 사람들" 초판을 발행하고 많은 사람들이 보았습니다. 사회적으로 명망(名望) 있는 분들로부터 대학생 그리고 많은 부류의 사람들이 "아름다운 사람들"을 보았습니다. 그리고 한결 같이 하는 말이 "좋은 글 고마웠다"는 말 이었습니다. 심지어 어떤 사람은 다양한 외국어로 번역되어 외국 사람들이 한국인을 이해하는 자료가 되었으면 아주 좋겠다는 의견도 있었습니다. 이 모든 이야기들을 격려로 받기를 원합니다.

어떤 사람은 영적 지도자인 목사(牧師)가 한국인의 영적인 문제와 귀신사상, 동양철학과 음양사상을 이야기하면 색안경을 쓰고 보는 경우도 있었습니다. 그러나 그것은 매우 잘못된 것입니다. 종교(宗敎)의 종(宗)자를 자세히 보면 갓을 쓰고 관찰하는 것입니다. 결국 종교지도자는 모든 사람들에게 인간이 왜 살아가야 하는지에 대한 물음을 끊임없이 던져야 합니다. 그리고 각자의 삶 속에서 어떻게 살 것인가를 알도록 해야 하는 것입니다.

우리는 이제 하나만 가지고 말한 때는 아닙니다. 우리의 다양한 문화적 토양과 배경을 이해하고 그 배경 속에서 자신이 추구해야 할 목적과 가치를 분명히 세워가야 합니다. 그리고 진정으로 참다운 것들이 무엇인지 알 수 있도록 되어야 합니다. 공동체 속의 "나"를 알아야 합니다. 내가 "공동체"를 위해서 무엇을 할 것인가를 말해야 하고 행동으로 옮겨야 합니다.

지식인들이 입을 다물고 침묵할 때 그 사회는 엄청난 손실을 입고 지식적으로 가난해지는 것입니다. 영적지도자들이 바른 길을 말하지 않은 때 그 사회는 죄악이 무엇인지 알 수 없게 되는 것입니다. 전문가들이 홀대 받는 사회가 되어서는 안 됩니다. 전문가는 그 사회를 지탱하는 힘이고 원동력이기 때문에 전문가들은 보호되어야 하고 그들이 창조적인 일을 할 수 있도록 해야 하는 것입니다.

이 책을 마무리 하면서 너무 감사한 것은 책을 독후(讀後)하신 많은 분들에게서 과분한 격려를 받은 것입니다. 더욱 감사한 것은 한국인들의 심성을 영적 지도자인 목회자가 관찰할 수 있는 기회가 주어졌다는 것입니다. 목회자의 입장에서 살펴 본 한국인의 심성을 통해 많은 사람들이 도움받기를 기대합니다. 그리고 이 책을 읽는 모든 분들이 아름다운 사람들이 되기를 소망합니다. 감사합니다.

만수산 불로서재(萬壽山 不老書齋)에서
지은이

「아름다운 사람들」을 읽고

저자는 우리 민족이 현재 지니고 있는 아름다움과 우리가 반드시 추구하고 지녀야 할 아름다운 것들이 무엇인가를 지적해 주고 있습니다. 사람의 아름다움은 외모에 있지 않습니다. 진정한 아름다움은 내면에 있습니다. 아름다움의 요소는 생명, 질서, 조화, 도덕, 그리고 소망으로 요약할 수 있습니다.

첫째로 살아 있는 생명체가 아름답습니다. 죽어 생명이 없는 것은 추(醜)합니다. 그래서 성경 전도서를 보면 살아 있는 개가 죽은 사자보다 낫다고 했습니다(전9:4). 우리는 보도(步道)에 깔린 돌들이 울퉁불퉁 하고 시멘트로 포장된 길이 갈라져 금이 나 있는 것을 봅니다. 그것은 가로수의 뿌리가 굵어지고 거기서 새싹이 돋아나기 때문입니다. 생명은 강합니다. 생명은 약동(躍動)과 약진(躍進)을 합니다. 그렇듯 대한민국 사람들은 아름답습니다.

그것은 끈질긴 생명력을 지녔기 때문입니다. 저자가 말했듯이 우리 민족은 들풀과 같이 살아왔습니다. 1000번에 가까운 전쟁을 겪으면서 외세에 눌리고 짓밟혀도 굴하지 않고 굳건한 기상을 가지고 살아왔습니다. 그리고 우리만이 가질 수 있는 독특한 문화를 만들어내었기 때문에 우리는 아름다운 민족입니다.

둘째로 질서가 있을 때 아름답습니다. 모든 사물은 반드시 있어야 할 제자리에 놓여 있을 때 아름다운 것입니다. 제 위치를 벗어날 때 흉하고 더럽게 보입니다. 윤리적으로는 장유유서(長幼有序)가 있어야 하고 사회적으로 올바른 관계를 유지할 수 있을 때 아름답게 보이는 것입니다.

셋째로 조화와 화합과 단결하는 힘을 가져야 아름답습

니다. 세상에서 가장 중요하고 아름다운 단어는 "우리"입니다. There is no ‘I in Team’ 외국에 나가 보면 일본 사람은 단결이 잘 되는 반면에 한국 사람은 단결이 잘 되지 않는다고 합니다. 그러한 면이 전혀 없는 것은 아닙니다. 그러나 어느 외국인이 한국인의 근성을 ‘군서근성(群鼠根性)’으로 표현했듯이 우리 민족 속에는 엄청난 응집력이 있습니다. 월드컵 응원단이나 외환위기 때 금 모으기 운동, 서해안 기름 유출사고 때의 자원봉사정신은 그러한 저력의 표출로 볼 수 있는 것입니다. 그러나 저자는 그러한 아름다움이 자기중심적이고 이기주의적인 생각을 가질 때 그 힘이 사라진다는 것입니다. 그것을 막아야 하는 것이 과제라고 언급하고 있습니다.

넷째는 도덕과 예의바른 사람이 아름답습니다. 평생을 아름답게 살고 만민에게 존경을 한 몸에 지니며 살아온 사람이라도 한 번 부도덕한 죄를 범하면 더러워집니다. 그 명성이 더러워지고, 그 인격이 추해지며, 그가 행한 선하고 아름답던 행위가 일시에 쓰레기처럼 되어버립니다. 그런데 저자는 지금 마약, 도박, 춤, 술, 인터넷, 섹스 등의 중독증상으로 인하여 자정(自淨)의 능력을 상실해 가고 있는 안타까운 실정을 토로하고 있습니다. 저자는 아름다운 삶의 표본으로 그리스도인의 구별된 삶을 예로 들고 있습니다. 한국에는 대형교회들이 많고, 많은 교인이 있습니다. 그러나 그 중에서 일반인들의 사표(師表)가 되고 아름다운 사람의 모범이 될 진정한 그리스도인이 얼마나 되는가를 고민해야 한다고 말하고 있습니다.

다섯째는 소망을 가진 사람이 아름답습니다. 저자는 끝으로 참 자유의 세계를 말하고 있습니다. 또한 천국을 가기 위해 몸부림치는 사람들을 말합니다. 천국은 꼭 가야 한다고 말합니다. 그 곳은 바로 아픔도, 설움도, 미움도, 다툼도, 죽음도 없는 곳이고, 영생 복락을 누리는 곳이기 때문입니다. 그 곳으로 영접되어져야만 영원히 아름다운 사람이 될 수 있기 때문입니다.

그리고 그 소망을 가진 사람은 죽음을 두려워하지 않습니다. 그 소망을 가진 사람만이 날마다 속사람이 새롭게 단장되어지는 것입니다. 그런 사람이 실로 아름다운 사람입니다. 그리고 마지막으로 저자는 "당신은 지금 어디로 가고 있느냐?"고 묻고 있습니다.

철학박사 김학도 목사

장례신학 정립을 위한 연속세미나 (가정의례지도사 교육과정)
안내/ www.blog.naver.com/bwell003
주관/ NPO 법인, 전국목회자상조연합(Aid Union Of Pastors)
장소/ 타포(Tapho)신학연구원(016-314-4734)